T0081381

# 美滿婚姻預備課程

# 來賓手冊

未婚奠根基 一生滿欣喜

美滿婚姻預備課程——來賓手冊
The Marriage Preparation Course – Guest Manual
(Traditional Chinese Version)

出版者: AAP Publishing Pte Ltd
Website: www.alpha.org
版權所有 © Alpha International 第二版2008年

經銷 (Distributed by)：道聲出版社 (Taosheng Publishing House)
電話 (Telephone)：02-2393-8583
電子信箱 (Email)：book@mail.taosheng.com.tw
網 站 (Website)：www.taosheng.com.tw

ISBN: 978-981-07-0343-1

Printed by Taosheng Publishing House in Taiwan

# 目　錄

第一課：溝通技巧　4
投資婚姻
溝通技巧
學習交談
學習聆聽

第二課：承諾委身　12
為何結婚？
婚姻誓約
共處時間
角色改變

第三課：化解衝突　19
處理憤怒
接納差異
處理財務
彼此寬恕

第四課：讓愛長存　29
增進友誼
彼此了解
閨房之樂

第五課：共同價值　37
合拍步伐
確定價值
平等關係
靈　合一

附錄　46
一：準備好了嗎？
二：經文（弗5：21-33）
三：婚姻誓約
四：婚禮經文
五：好書推薦

第一課

# 溝通技巧

## 投資婚姻

- 學習怎樣讓婚姻成功
  - 婚姻是人生最令人興奮和最具挑戰性的冒險
  - 美滿婚姻並非必然
  - 在英國，超過四成的婚姻破裂
  - 鞏固婚姻最好的方法就是：投資在夫妻關係中

- 學習必須的技巧
  - 如何有效地溝通
  - 如何化解衝突
  - 如何滿足彼此情感的需要
  - 如何深化友誼
  - 如何培養性關係
  - 如何分配角色？

- 認識彼此差異
  - 不同的期望
  - 我們的成長背景
  - 文化上的差異

# 溝通技巧　　　　　筆記

- 溝通包括有效的交談與聆聽
  - 良好的溝通是需要不斷學習

- 溝通方式受以下的因素影響：
  1. 我們的個性
     - 外向型或內向型
     - 重邏輯或憑直覺

  2. 我們的家庭背景
     - 有些家庭毫不忌諱的提出意見/有些則拖延覬覦
     - 有些比較安靜 /
       有些比較熱鬧
     - 有些比較激動 /
       有些比較冷靜
     - 有些會輪流説話 /
       有些經常插嘴

  3. 我們的處境
     - 工作
     - 孩子
     - 夫妻關係的內在及外來壓力。

## 練習：如何溝通（5分鐘）

告訴你的未婚夫/妻，對方的性格如何影響你們的溝通方式

# 筆記

- 有效溝通的絆腳石
  1. 時間不足
     - 要定期撥出時間進行有意義的談話。
     - 要預先安排時間（不會自然發生）
     - 安排兩人相處的時間，以消除因缺乏溝通或誤解而累積的舊帳。
     - 找出適切時間，放下一切來聆聽伴侶說話。

## 練習：家庭的溝通風格（10分鐘）

各自完成以下的練習，再一起討論。請看直線兩端的形容詞，然後根據自己原生家庭的實際狀況，在這線上相應的位置打個「X」號。

整體來看，我家的溝通方式是：

| 間接 | 直接 |
|---|---|

| 含糊 | 明確 |
|---|---|

| 輕鬆 | 緊張 |
|---|---|

| 寬容 | 對峙 |
|---|---|

| 封閉 | 開放 |
|---|---|

| 熱鬧 | 安靜 |
|---|---|

| 幽默 | 嚴肅 |
|---|---|

家庭的溝通方式在你長大後，如何影響你與別人溝通？這與你未婚伴侶的家庭有什麼不同？

## 筆記

2. 沒有把內心的感受告訴對方
   —只談實際或非常膚淺的事情，是婚姻中危險的信號
   —分享彼此內心的想法和感受，是美滿婚姻不可或缺的
   —有些人因為自信心不足、心靈脆弱或恐懼，而難以表達感受
   —勇於相信你的未婚夫伴侶，把內心的感受透露出來
   —互相聆聽，不要論斷或批評

## 練習：有效的交談（10分鐘）

問問你的未婚夫／妻：「說出自己的想法、態度和感受時，有感到困難嗎？」嘗試了解對方的在成長背景，是否在一個被鼓勵的環境下說出自己的感受。

3. 緊抓著傷痛與仇恨不放
   —告訴對方，你會在什麼情況和原因下感到憤恨
   —聆聽並嘗試了解
   —持續互相道歉和原諒

4. 無法互相傾聽
　　—聆聽需要付出代價
　　—聆聽需要時間和耐心
　　—辨識和克服壞習慣
　　　　例如：
　　　　打岔
　　　　離題
　　　　出意見
　　—有效的聆聽是每個人都可以
　　　學習和練習的
　　—放下自己的想法，嘗試從未
　　　婚伴侶的觀點來思考
　　—當你的未婚伴侶有不同的想
　　　法或感受時，盡力去了解他
　　　們

**筆記**

「作個好的聆聽者是恩賜，這恩賜
卻須不斷練習，而最有醫治果效的
恩賜莫過於聆聽。聆聽是既不論斷
也不提供意見，卻傳達比語更深的
支持。」
休斯（Gerard Hughes）

「這意味著，不但要用你的耳朵
來傾聽，更重要的是，用你的眼
睛和你的心來聽，聽出感覺，聽
出含意。」
柯維（Stephen Covey），
《與成功有約》

# 練習：有效的聆聽（15分鐘）

1. 請你的未婚夫／妻分享現在正擔心的事情，並仔細地聆聽。

2. 將你的未婚夫／妻所説過的複述一遍，尤其是他／她的感受，以表示你了解。若你有任何不清楚的地方，請你的未婚夫／妻再説一遍。

3. 然後問：「整件事情你最在意的是什麼？」

4. 再把對方説的話複述一遍。

5. 再問：「你剛才所説的，你可以怎樣做？（適當時，可問：「你希望我或我們怎樣做？」）」

6. 再一次複述對方所説的。

7. 最後問：「你還有其他想説的話嗎？」

然後對調角色。

# 作業──第一課

請先就以下問題寫下答案，再與你的未婚夫／妻討論。

1. 你是不是善於聆聽的人？

    以1至10的指數，評估你的聆聽能力（1是最不善於聆聽，10是非常善於聆聽）：

    1　2　3　4　5　6　7　8　9　10

2. 你的未婚夫／妻聆聽能力如何？請你評估一下。

    1　2　3　4　5　6　7　8　9　10

3. 在什麼情況下，你們最能好好地傾談內心的想法和情感？哪個時間和地點最能讓你們有效地溝通？

    _____

4. 哪些時候和地點令你們無法有效地溝通？原因為何？

    _____

5. 完成以下的句子：
當你_____時，我覺得我會比較容易打開心房，道出內心的軟弱。

此練習取自Dave and Joyce Ames合著之Looking up the Aisle?（Mission to Marriage，1994）

第二課

# 承諾委身

何結婚？

—文化趨勢導致婚姻破裂
- 消費主義
- 「用後即棄」心態

—最近的研究顯示，穩定的婚姻
對個人和社會皆有益

—聖經的角度：「因此，人要離
開父母與妻子連合，二人成為
一體。」（創2:24）

—婚姻：神為人類社會所設立的
重要元素。

## 婚姻有兩個目的：

1. 友誼
—「那人獨居不好……。」
（創2:18）
—婚姻不是對付孤單的唯一方
法，卻是人與人之間最親密的
關係。
—婚姻滿足我們對親密關係的渴
望。

## 2. 家庭生活
　　—孩子的成長過程中能看到父母之間親密、委身和長久的關係，這是最理想的
　　—婚姻破裂對下一代有很大影響
　　—穩固的婚姻可以打破「破碎關係」的惡性循環

## 練習：婚姻的益處（5分鐘）

**兩人一起討論：對你來說，婚姻在社會上扮演什麼角色？為什麼你選擇結婚，而非同居？**

## 婚姻誓約

—「迷戀」與「恆久的愛」
—契約與誓約的分別
—承諾是關係的防護罩
—親密關係需要坦誠相向
—坦誠相向非有信任不行
—信任先要承諾委身
—婚禮中的誓約是對彼此的承諾。

「慈愛和誠實彼此相遇。」

詩85：10

## 練習：婚姻的誓約（10分鐘）

一起把「婚姻的誓約」看一遍，選出對你最重要的字詞。向你的未婚夫／妻解釋你的選擇（參附錄三）。

**筆記**

**共處時間**

——一起計劃，務必執行
——不是變成慣性
——有效溝通的機會
——時常保持浪漫、愛意和樂趣

共處時間的建議：
1. 每天一次
 ——每天互相聯繫
 ——選擇一天的最佳時刻
 ——養成習慣

2. 每週一次
 ——每週一次「晚間約會」或「夫婦約會時間」
 ——計劃「夫婦約會時間」（寫在你們的行事曆）
 ——把「夫婦約會時間」擺在優先次序，優先於其他需要
 ——保護「夫婦約會時間」不受打擾（無論是朋友、家人或電話）

3. 每年一次
   ─每年渡個小蜜月
   ─預先計劃好的假期
   ─有助關係恢復生氣，重燃浪
   漫之火

**筆記**

---

## 練習：一起計劃約會時間（15分鐘）

為投資你們的婚姻關係，討論每天／每週／每年一次的約會計劃。

寫下你的計劃：

- 
- 
- 
-

## 筆記

## 角色改變

- 離開父母
  - 新的重心：肉身、心理和情感上的離開
  - 教堂婚禮也有離開的象徵意義
  - 新的決策體系
  - 婚姻關係優先
  - 自己作決定和彼此扶持

- 尊敬雙方父母
  - 表示感恩
  - 保持聯繫
  - 採取主動
  - 一起決定聯絡的頻密度
  - 預先安排好重要節日的活動

- 籌備婚禮
  - 忙透！
  - 情緒起伏不定
  - 要有妥協的心理準備

「當夫妻的計劃與立場一致、堅持攜手實踐，外來操縱或利用的企圖，終將失敗；但只要夫妻的關係中帶點裂縫或有弱點，雙方父母便能插手干預了。」
梅大偉 (Dave Mace)

# 練習：雙方的父母（10分鐘）

兩人一起討論：在下列項目中，哪些情況會與父母產生緊張關係？

1. 渡假旅行
2. 過新年／節日慶祝
3. 財務
4. 生活干預程度

5. 拜訪的頻密度
6. 通電話時間的長短
7. 角色改變
8. 其他

怎樣解決？

## 個人時間

需要注意的兩方面：
1. 太多個人時間
   —沒有太多共同興趣

2. 沒有空間發展個人嗜好
   —保持一定個人時間，對婚姻
     關係有益處
   —需要雙方協議和同意
   —在二人關係中引進新的興趣
     和情況
   —激發小別重聚帶來的興奮
   —讓共處和個人時間達到平衡

## 筆記

## 作業——第二課

個人的時間

各自寫下想獨自追求的個人嗜好：

1. _____

2. _____

3. _____

這些嗜好的頻度為何和需要花多少時間？

1. _____

2. _____

3. _____

寫下一項你希望未婚夫／妻獨自追求的個人嗜好：

1. _____

2. _____

3. _____

這些嗜好的頻密度為何和需要花多少時間？

1. _____

2. _____

3. _____

現在，比較和討論你們的答案。

# 化解衝突

## 無可避免的衝突

—我們都不盡相同
—我們都天性自私
—由「獨立自主」進到「互相依
　賴」

## 處理憤怒

—憤怒本身無罪
—兩種不恰當的發怒方式：
　—犀牛型 - 爆發
　—刺蝟型 - 埋藏
—兩種行為都具破壞性且無助
　於化解衝突

### 練習：犀牛型和刺蝟型（5分鐘）

問自己，當生氣時，你有犀牛型傾向，還是刺蝟型傾向？如果你
不清楚，可以詢問你的未婚夫／妻，他／她也許會比你更清楚！

## 練習：認識你們的差異（10分鐘）

請你們各選一個字／字母代表你們的名字，然後就以下每一個項目，在線上標示你和未婚夫／妻的偏向。（例如：N=力奇；S=希拉）

請先個別做此練習，然後交換手冊。
討論如何互相補足你們的差異。

例如：

| | | | |
|---|---|---|---|
| 金錢 | 可花就花 ___ S | N ___ | 能省就省 |
| 守時 | 喜歡早到 S ___ | N ___ | 及時趕上 |

項目：

| | | |
|---|---|---|
| 金錢 | 可花就花 ___ | 能省就省 |
| 假期 | 刺激好玩 ___ | 休閒寧靜 |
| 人際關係 | 廣結人緣 ___ | 喜歡獨處 |
| 睡覺 | 夜燭長燒 ___ | 聞雞起舞 |
| 整潔 | 井井有條 ___ | 不拘小節 |
| 爭執 | 尋根究底 ___ | 息事寧人 |
| 電視 | 長開長看 ___ | 可有可無 |
| 消遣 | 外出消遣 ___ | 在家養神 |

| 守時 | 喜歡早到_____ | 及時趕上 |
| 計劃 | 計劃週詳_____ | 將計就計 |
| 組織 | 按步就班_____ | 雜亂無章 |
| 決定 | 興之所至_____ | 小心謹慎 |
| 家人 | 見面頻頻_____ | 無甚來往 |
| 朋友 | 交遊廣闊_____ | 三五知己 |
| 音樂 | 背景音樂_____ | 特選精曲 |
| 談話 | 滔滔不絕_____ | 寡言少語 |
| 改變 | 變動不居_____ | 一成不變 |
| 主動 | 帶頭主動_____ | 隨和附眾 |

## 筆記

## 接納差異

—認識和接納彼此的差異
—差異可以互補不足
—態度沒有好壞之分，只是不同
　罷了
—不要指望改變對方
—欣賞彼此的優點
—扶持彼此的弱點

## 解決辦法

一起尋找解決辦法，而不是攻擊、投降或討價還價

和平六步驟

1. 按「暫停」按鈕
　—時間適合嗎？
　（「十點鐘規則」）
　—地點適合嗎？

2. 確定問題所在
　—把引起衝突的問題找出來
　—把問題擺在雙方的面前
　—向對方移近，一同解決

3. 就事論事，不要互相攻擊
　—學習控制脾氣
　—避免標籤對方，例如：「你

每次都……」或「你從來不
……」

—用「我」的句子，談論自己
的感受而不是指控對方，例
如：「當……我感到受傷
害」

4. 互相聆聽
—嘗試了解對方的看法
—輪流說話

5. 制定可行的解決辦法
—商量各種可行的解決辦法
—記錄下來會有幫助

6. 選擇對你們最行得通的辦法
—若行不通，再試其他的方法
—若無法一同找到方法，可向
外尋求幫助

## 練習：和平六步驟（15分鐘）

**兩人一同討論：**

在你父母的婚姻裏，你觀察到哪些解決（或無法解決）衝突的模
式？

在你們的關係裏，哪些是衝突的導火線？

有甚麼原因會使你們的衝突惡化？又有甚麼原因可以幫助你們
「暫停」下來？

在「和平六步驟」中，哪一個步驟對你們最重要？

## 筆記

## 處理財務

—婚姻包括分享所有

—抽時間商量財務

—對待金錢的不同態度會導致緊
　張的局面

—決定誰管理財務

—認識彼此對金錢的不同態度
　（你較像「節約型」還是「花
　錢型」？）

—清楚雙方真實的財務狀況

—計算二人共有的收入

—計算／預算二人的開支

—作預算（商討花錢、儲錢、捐
　錢三方面的平衡）

—防備超出預算（留意信用卡的
　使用）

—討論需要償還的債務

—坦誠地談論你的感受

—建立有活力的夥伴關係需要：
　—對目前要誠實
　—對過去要寬恕
　—對將來有共識

[請參閱 The Marriage Book
附錄三 Working Out a budget]

## 練習：討論你們的財務（10分鐘）

各自填寫以下問題的答案，然後一起討論。

1. 形容你購物的態度（在格子內打「✓」，可選多項）

| | |
|---|---|
| 快樂的根源 | ☐ |
| 享受逛街樂趣 | ☐ |
| 喜歡購買禮物 | ☐ |
| 偶爾當作逃避的方法 | ☐ |
| 強迫性，有時是浪費 | ☐ |
| 只買基本用品 | ☐ |
| 視乎購買的物件，地點和時間而定 | ☐ |
| 可免則免 | ☐ |

2. 你會不會擔心把錢花光？　　　　　　　會☐　　不會☐
3. 你們有沒有聯名的銀行戶口？　　　　　有☐　　沒有☐
4. 你們會保持個別的戶口嗎？　　　　　　有☐　　沒有☐
5. 你們怎麼平衡花費、儲蓄和捐款（奉獻）？

---

6. 你們會作預算嗎？　　　　　　　　　　會☐　　不會☐
7. 你們能否節制地使用信用卡？　　　　　能☐　　不能☐
8. 你們有沒有欠下債務？　　　　　　　　有☐　　沒有☐

　　若有，你們的債務是多少？
　　討論你們償還債務的計劃。

9. 在無須詢問對方的情況下，你個人能花費多少錢？

---

10. 你們二人的財務由誰管理？　共同☐　丈夫☐　妻子☐

## 彼此寬恕

傷害是難免的，但癒合過程簡單而有效：

1. 確認傷害
   —當配偶令你難過時，要告訴對方

2. 學習說對不起
   —驕傲會使人難以開口說對不起
   —打開討論和改變之門

3. 寬恕
   —寬恕是婚姻裡最大的癒合力量
   —寬恕不是：
     —忘記曾發生的傷痛
     —裝作無所謂
     —不去面對配偶的錯失和傷害的行為
   —寬恕是：
     —面對我們所感受的委屈
     —確認內裡的情緒
     —選擇不對配偶懷恨在心
     —放棄自怨自艾

—寬恕基本上是最重要的選擇，不是一種感覺

—寬恕之後，會有新的感覺

—寬恕可以對付憤怒和忿恨，雖然在完全癒合之前仍會感到傷痛

—寬恕是一個過程，必須繼續原諒（有時每天都要原諒）

—我們的寬恕應當出於感恩，因為自己也蒙受寬恕

## 筆記

「『怨恨』是指不斷互相指責後生出的結果；字面意思是『勾起感覺』--怨恨纏著過去，一次又一次地讓往事重現，每次都重新揭開傷疤，使傷口不能癒合。」
楊腓力，《恩典多奇異》

「倘若這人與那人有嫌隙，總要彼此包容，彼此饒恕；主怎樣饒恕了你們，你們也要怎樣饒恕人。」
西3：13

「不計算人的惡。」
林前13：5

# 作業——第三課

找一個合適的時間和地點，共同討論一個讓你們引起衝突的重大問題。

1. 確認問題所在：

_____

2. 你們以往對這問題的反應？

我 _____

你 _____

3. 寫下你認為自己和對方在這問題上最關心的事情：

自己 _____

對方 _____

討論你們各自所寫下的。輪流分享，聆聽對方的觀點，避免指責或批評。

4. 商討可行的解決辦法——在這階段不要排除任何一個方法

① _____

② _____

③ _____

④ _____

5. 討論哪個解決方法最行得通。

6. 嘗試付諸實行。如果行不通，就須考慮上述其他的解決辦法。

# 第四課

## 讓愛長存

### 增進友誼

1. 朋友互相傾吐心事
   —毫無秘密

2. 朋友彼此交談
   —一起用餐的重要性

3. 朋友一起玩樂
   —共同經歷帶來共同回憶，也
   可激發彼此交談

---

### 練習：深化友情（10分鐘）

列出你們現在喜歡一起做的事。你們要如何確保婚後五、十、甚至十五年後，還會一起做這些事？

- 
- 
- 
- 
- 
- 
-

## 筆記

彼此了解

—學習辨識對方感到被愛的方式

—五種表達愛和感到被愛的方式：

1. 動聽話語
2. 黃金時間
3. 貼心禮物
4. 愛的輕撫
5. 細心服侍

（摘錄自蓋瑞‧巧門的《愛之語》）

—就像用不同的語言來傳達愛意

—其中一種方式會特別讓我們感受到被愛

—兩人的主要「愛之語」通常不同

—通常以自己最了解和想要被愛的方式來向對方示愛

—必須清楚對方的「愛之語」

—需要努力、有紀律和常練習

# 練習：了解你的「愛之語」（10分鐘）

寫出六個你最能感受到伴侶的愛的獨特情景

當你這樣做時，我覺得你很愛我：

1. _____
2. _____
3. _____
4 _____
5. _____
6. _____

從上面的六個例子中，請順序排列五種「愛之語」對你的重要性。接著再為你的未婚夫／妻順序排列。當你們完成後，給對方看。

對你來說：　　　　　　　　　　對你的未婚夫／妻來說：
數字1至5　　　　　　　　　　　　數字1至5
（1=最重要）　　　　　　　　　　（1=最重要）

透過以下方式來示愛：

| | | |
|---|---|---|
| ☐ | 話語 | ☐ |
| ☐ | 時間 | ☐ |
| ☐ | 禮物 | ☐ |
| ☐ | 輕撫 | ☐ |
| ☐ | 服侍 | ☐ |

# 筆記

## 閨房之樂

### 性愛

—是內在最深層的溝通
—是婚姻裏很重要且不可缺少的一部分
—不只為了生育，也是讓彼此享受的
—美好的性生活是以對方為中心
—婚姻以外的性愛帶來破壞力
—在婚姻誓約裏表達愛的方式
—把自己獻給對方

「信任是美好性生活的首要條件。當夫婦互相信任，無論是付出和接受，皆感享受。可是，當關係中存在利用手段，便會產生張力。」
Alan Storkey, *Marriage and its Modern Crisis*

## 練習：性和委身（10分鐘）

一起討論你們婚前的親密界線，並達成共識。

## 如何建立你們的性生活

### 維持良好性生活的六個秘訣

1. 視作一趟旅程
    —終身探索的旅程
    —盡情享受閨房之樂
    —彼此越來越認識對方
    —談論彼此的期望和憂慮
    —計劃輕鬆的蜜月
    —不要將「性」、「愛」區分

—性方面的親密會影響整個婚姻關係

—性不只是蛋糕上的點綴，而是蛋糕本身不可或缺的成分

2. 要坦誠傾談

—男女在性慾方面的差異

—對性的反應可能大不相同

—會感到很難啟齒，因這是非常私密的，且很害怕暴露自己的軟弱

—告訴對方怎樣會令你興奮和掃興

—不要只靠瞎猜

3. 要準備處理問題

—多數夫婦在性生活中，總有某些階段會遇到困難

—有些是因著過去被虐待或性侵害的後果，可能需要尋求專業幫助（請告知課程統籌）。

—其他問題可以由夫婦二人一同商討解決，如：

• 自尊心低落和不滿自己的身形

• 疲倦

• 性慾需求的程度不同

筆記

「不要驚動，不要叫醒我所親愛的，等他自己情願。」

雅2：7，3：5，8：4

## 筆記

—夫婦間絕大部份的性問題都是常見的
- 不要隱瞞問題
- 一起討論
- 一同閱讀關於夫妻性生活的書來幫助你們討論
- 有問題不等於失敗
- 必要時，尋求幫助

4. 處理過往的性關係
—過去的關係會引來嫉妒和互不信任
—確認這是你們單方面或是雙方面的問題
—對彼此要誠實
—透過傾談、寬恕、禱告來處理
—與舊關係一刀兩斷
—必要時，銷毀信件、日記、相片等

5. 討論家庭和生育計劃
—結婚前必須討論這兩個課題
—達至一個共同的結論
—孩子會改變婚姻關係的狀況
—閱讀基督教家庭計劃的書籍（參附錄五）

6. 不要盡信坊間對性的看法
　一避免比較
　一每個婚姻都是獨特的
　一婚後兩人的身體將會有變化

## 練習：談論性生活（10分鐘）

從本課的內容中，討論為何建立良好的性生活如此重要。

# 作業——第四課

作決定

這練習幫助你預備進到第五課。

從左欄寫下你父母／繼父母的婚姻裏，哪些由誰決定，用百分比來顯示他／她的影響力（例如50：50或70：30或90：10）。

然後，在右欄寫下你對自己婚姻的期望。

討論你所寫下的。若你是在單親家庭長大，只需要填寫右欄。

| 我的父母 | | | | 我的婚姻 | |
|---|---|---|---|---|---|
| 父親 | ： | 母親 | 決定 | 丈夫 ： | 妻子 |
| | ： | | 選擇車子 | ： | |
| | ： | | 選擇居住地點 | ： | |
| | ： | | 選擇家具 | ： | |
| | ： | | 選擇餐具 | ： | |
| | ： | | 選擇自己的衣服 | ： | |
| | ： | | 選擇渡假方式 | ： | |
| | ： | | 決定家居的裝潢佈置 | ： | |
| | ： | | 挑選喜好的相片畫作 | ： | |
| | ： | | 選擇育兒方式 | ： | |
| | ： | | 選擇電視節目 | ： | |
| | ： | | 選擇食物 | ： | |
| | ： | | 決定生多少個孩子 | ： | |
| | ： | | 選擇丈夫的工作 | ： | |
| | ： | | 選擇妻子的工作 | ： | |
| | ： | | 決定消費模式 | ： | |

讓愛長存

# 第五課

## 共同價值

### 合拍步伐

婚姻是人生最好的契機，也是最大的挑戰。這包括：

1. 改變我們的行為
   —預期施比受多
   —作出犧牲

2. 醫治我們的過去
   —也許因童年經歷而反應過敏
   —必須撿討我們的反應並問自己：「這樣合理嗎？」
   —改變是可能的
     —將此反應的原因說出來
     —寬恕那些曾傷害我們或曾令我們失望的人

# 筆記

3. 放棄不切實際的期望
   —婚姻不能滿足我們所有的需要
   —不切實際的期望會使我們掉入不斷失望的深淵

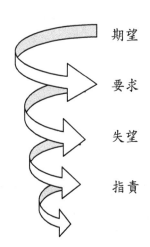

期望
要求
失望
指責

4. 每天表達欣賞對方
   —若無欣賞,婚姻難以維持
   —即使心情不好,也要表達欣賞

## 練習：表達欣賞（10分鐘）

列出你最欣賞你未婚夫／妻的優點和特質：

1. _____
2. _____
3. _____
4. _____
5. _____
6. _____
7. _____
8. _____

輪流將上列幾點唸給你未婚夫／妻聽。

## 確定我們的價值觀

—價值觀會決定我們的判斷和選
　擇
—個性雖不同，但會有相同的核
　心價值
—談論我們的夢想、志向、希望
　和憧憬
—列下優先順序

## 筆記

_____

_____

_____

_____

_____

_____

_____

# 筆記

思考以下的價值觀：

1.友誼
　—豐富我們的生命和婚姻
　—所有的關係都必須重新定位

2.子女
　—可以使夫妻更親近或更疏離
　—需要不斷安排夫妻共處的時間

3.工作
　—不是互相競爭
　—互相勉勵
　—討論有孩子後之後的變化及安排
　—最好能討論二人想一起達成的目標——婚後生活的終極目標

# 練習：活出你的價值觀（15分鐘）

各自選出你認為最重要的五個價值觀，並按優先次序排列。

然後，在這價值觀的旁邊，寫下活出這些價值觀的方法。你可以參考以下價值觀的例子，但不要被例子限制，可以思考更多。寫完後，比較和討論你們的答案。

價值觀的例子：健康、創意、婚姻關係、運動、職業或工作、理財之道、社區參與、探險活動、玩樂、款待親友、友誼、環境保護、培育孩子、進修、靈命／與神的關係、雙方的家庭、慷慨樂施、教會活動等。

活出價值觀方法的例子：
· 與神的關係：嘗試每天一同為彼此禱告。
· 我們的婚姻關係：每個星期撥出一段時間一起玩樂。

價值觀：

1. ＿＿＿＿＿＿＿：＿＿＿＿＿＿＿＿＿＿＿＿＿＿＿＿

2. ＿＿＿＿＿＿＿：＿＿＿＿＿＿＿＿＿＿＿＿＿＿＿＿

3. ＿＿＿＿＿＿＿：＿＿＿＿＿＿＿＿＿＿＿＿＿＿＿＿

4. ＿＿＿＿＿＿＿：＿＿＿＿＿＿＿＿＿＿＿＿＿＿＿＿

5. ＿＿＿＿＿＿＿：＿＿＿＿＿＿＿＿＿＿＿＿＿＿＿＿

## 筆記

「又當存敬畏基督的心，彼此順服。」弗5:21

## 關係平等

—我們需要決定：
- 哪些事由誰去做
- 哪些事應由誰決定
- 哪些生活範圍由誰主導

—照父母的方式過婚姻生活

—談談雙方的期望

—新約的模範：
- 需要互相付出(參附錄二)
- 摒棄大男人主義

—男性與女性的差異：
- 哪些差異是基於上帝的創造，哪些是因文化而起？
- 賜予男性的力量是用來保護，不是用來稱霸和壓迫

—天性不同是要彼此互補
　—彼此順服是美滿婚姻的關鍵

## 決定婚姻關係裏各自的角色

—分配各自適合的工作
—角色會隨著年月而改變
—角色和責任

# 練習：角色和責任（10分鐘）

1. 各自寫下六個你預期自己必須負起的責任：例如做家務、清洗浴室、倒垃圾、煮飯、支付帳單、計劃假期、燙衣服、寫感謝卡、開車、看地圖、釘補修飾、賺錢、園藝、保險、購物……

   1. _____    4. _____
   2. _____    5. _____
   3. _____    6. _____

2. 各自寫下六個你期望未婚夫／妻擔負的責任：

   1. _____    4. _____
   2. _____    5. _____
   3. _____    6. _____

3. 各自寫下六個你期望會共同承擔的責任：

   1. _____    4. _____
   2. _____    5. _____
   3. _____    6. _____

4. 寫完後，把兩人所寫的放在一起比較看看！

5. 你期望未婚夫／妻在婚姻裏的哪一方面作帶領？

## 筆記

靈裏合一

我們都領受上帝的愛，所以為對方付出。

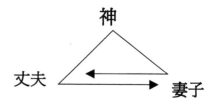

一起為對方禱告能夠帶來奇妙的親密關係。

- 每日代禱：「今天我有甚麼可以為你祈禱？」
- 專注在彼此的需要上
- 接受每天都為同樣的事情祈禱
- 以感恩開始
- 禱告不會自然發生 — 必須先訂下時間

「三股合成的繩子不容易折斷。」
傳4：12

## 練習：靈裏合一（5分鐘）

從以上三角形的圖表中，告訴對方這個圖表對你的意義，以及你們是否想要定期一起禱告。

# 作業──第五課

**實踐**

在《美滿婚姻預備課程》中，我特別要牢記在心和實際去做的三件事情是：

1. _____

2. _____

3. _____

讓你的未婚夫／妻看看你的答案。

此刻，問他／她：「從這課程中，你最希望我記住和練習的三件事情是什麼？」將答案寫在下面：

1. _____

2. _____

3. _____

## 附錄一：準備好了嗎？
（參看 *The Marriage Book* 附錄一）

- 分享的考驗
  我是否願意與未婚夫／妻分享餘下人生？

- 性格的考驗
  在我眼中，他／她心地善良嗎？

- 力量的考驗
  我們的愛情有否帶給我動力和力量，還是讓我疲憊不堪？

- 尊重的考驗
  我是否尊重我的未婚夫／妻？

- 習慣的考驗
  我是否能接受未婚夫／妻的現況（連同對方的一切和壞習慣）？

- 爭執的考驗
  我們能夠承認過錯、彼此道歉和寬恕嗎？

- 喜好的考驗
  我們是否有共同的喜好，作為我們感情的基礎？

- 時間的考驗
  我們能否同甘共苦？

上述測驗取自《我願意》(蔡伯訏著, 英文原著為 I Married You，周李玉珍譯，香港：證道出版社，1985年版)。

你若無法在以上所有的問題回答「是」，建議你們找一個可信任的人(除了你的未婚夫／妻外)，談論一下你們的感受。

# 附錄二：經文(弗5：21 - 33)

又當存敬畏基督的心，彼此順服。你們作妻子的，當順服自己的丈夫，如同順服主。因為丈夫是妻子的頭，如同基督是教會的頭，他又是教會全體的救主。教會怎樣順服基督，妻子也要怎樣凡事順服丈夫。你們作丈夫的，要愛你們的妻子，正如基督愛教會，為教會捨己。要用水藉著道把教會洗淨，成為聖潔，可以獻給自己，作個榮耀的教會，毫無玷污、皺紋等類的病，乃是聖潔沒有瑕疵的。丈夫也當照樣愛妻子，如同愛自己的身子，愛妻子便是愛自己了。從來沒有人恨惡自己的身子，總是保養顧惜，正像基督待教會一樣，因為我們是他身上的肢體。為這個緣故，人要離開父母，與妻子連合，二人成為一體。這是極大的奧祕，但我是指著基督和教會說的。然而，你們各人都當愛妻子，如同愛自己一樣；妻子也當敬重她的丈夫。

1. 整篇經文的意義是：「又當存敬畏基督的心，彼此順服。」（弗5：21）（順服是統治或企圖控制的反義詞。婚姻被設定為一個相互付出的關係，即是服事對方，並滿足對方的需要在自己的需要之先。）

2. 比較丈夫和妻子的本分（多數是寫給丈夫，因為在當時的文化下，丈夫在家庭　擁有所有的權利）。
   — 丈夫的本分：「你們作丈夫的，要愛你們的妻子，正如基督愛教會，為教會捨己……丈夫也當照樣愛妻子，如同愛自己的身子。」（弗5：25、28）

   — 妻子的本分：「你們作妻子的，當順服自己的丈夫，如同順服主。」（弗5：22）

3. 「頭」不一定代表領導。保羅可能是強調在婚姻　夫妻之間的緊密相連，兩人再也不能獨立行動了。

---

4.「僕人領導」意味著負起責任，而不是留下問題給我們的配偶，是主動而不是操控。

5. 整篇段落旨在尋求神的旨意，而不是企圖強行落實自己的心意：「總要察驗何為主所喜悅的事……要明白主的旨意如何。」（弗5：10、17）

# 附錄三：婚姻誓約

神父／牧師對新郎說：
「_____，你願意娶_____為妻嗎？你願意愛她、安慰她、尊重她、愛護她，並且無論任何景況，都專一於她、終身與她相守嗎？」

他回答：「我願意。」

神父或牧師對新娘說：
「_____，你願意嫁_____為夫嗎？你願意愛他、安慰他、尊重他、愛護他，並且無論任何景況，都專一於他、終身與他相守嗎？」

她回答：「我願意。」

神父／牧師從新娘父親的手中把新娘的手牽過來，交給新郎。
新娘和新郎彼此面對面。

新郎握著新娘的右手，並說：　　　　　新娘握著新郎的右手，並說：

我，_____願娶_____為妻，　　　　我，_____願嫁_____為夫，
從今以後，　　　　　　　　　　　　　從今以後，
無論順境或逆境，　　　　　　　　　　無論順境或逆境，
富裕或貧窮，　　　　　　　　　　　　富裕或貧窮，
健康或疾病，　　　　　　　　　　　　健康或疾病，
我都會愛你，疼惜你，　　　　　　　　我都會愛你，疼惜你，
直到死亡使我們分離，　　　　　　　　直到死亡使我們分離，
我在聖潔的上帝面前，　　　　　　　　我在聖潔的上帝面前，
鄭重立誓。　　　　　　　　　　　　　鄭重立誓。

# 附錄四：婚禮經文

詩篇19，84，85，91，121，139:1-18

傳道書4:9-12

雅歌8:6-7

以賽亞書40:25-31

約翰福音2:1-11

約翰福音15:1-4, 9-17

哥林多前書13：1-8（a）

以弗所書3:14-21

以弗所書5:21-33

腓立比書2:1-11

歌羅西書3:12-17

約翰壹書4：7-16

# 附錄五：好書推薦

《愛之語》，蓋瑞・巧門（中國主日學協會出版）
The Five Love Languages by Gary Chapman (Northfield Publishing, 1995)

《愛、憤怒、寬恕》，蓋瑞・巧門（基文社出版）
The Other Side of Love: Handling Anger in a Godly Way by Gary Chapman (Moody Press, 1999)

《為婚姻立界線》，亨利・克勞德與約翰・湯森德（台福傳播中心出版）
Boundaries in Marriage by Dr Henry Cloud and Dr John Townsend (Zondervan, 1999)

《他需她要》，威勒・哈里（琉璃光出版）
His Needs, Her Needs by Willard F. Harley (Monarch Books, 1986)

《比翼雙飛》，梅麥克（校園書房出版）
The Mystery of Marriage by Mike Mason (Triangle, 1997)

《60分鐘改變你的婚姻》，羅伯・帕森斯（愛家文化事業基金會出版） Sixty Minute Marriage by Rob Parsons (Hodder & Stoughton, 1997)

Look Before you Leap by J. John (Authentic Lifestyle, 2004)

The Marriage Book by Nicky and Sila Lee (Alpha International, 2002)

Loving Against the Odds by Rob Parsons (Hodder & Stoughton, 1994)

A Celebration of Sex by Douglas Rosenau (Thomas Nelson, 2002)

Printed in the USA
CPSIA information can be obtained
at www.ICGtesting.com
LVHW020709050824
787165LV00010B/78